Concierto de piano

Akiko Miyakoshi

Hoy es el primer concierto de piano de Momo.

La función no tardará en comenzar.

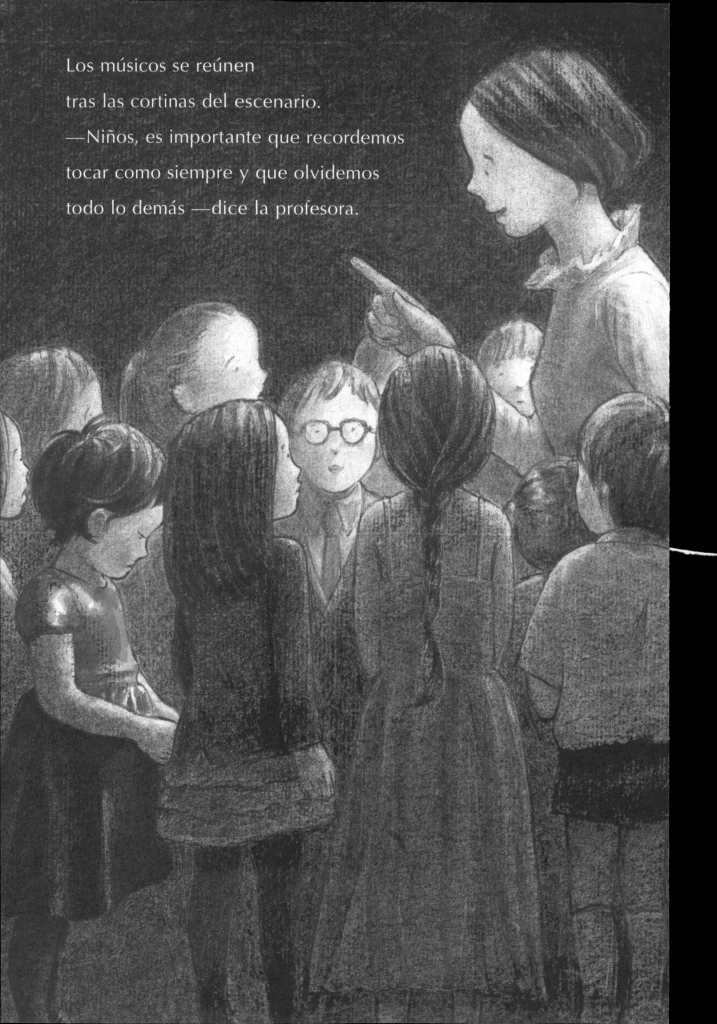

Los músicos se reúnen

tras las cortinas del escenario.

—Niños, es importante que recordemos

tocar como siempre y que olvidemos

todo lo demás —dice la profesora.

A Momo el corazón le late muy deprisa.

«Todo saldrá bien, todo saldrá bien», piensa

mientras agarra la partitura con firmeza.

La segunda participante sale al escenario.

«Todo saldrá bien, todo saldrá bien»,

repite Momo una y otra vez.

—Todo saldrá bien, todo saldrá bien.

«¿Eh? ¿Y esa voz?»

Sorprendida, Momo mira al suelo.

—¡Es una ratoncita! —exclama.

—Nosotros también preparamos una
función. ¿Quieres venir a verla? —le
dice la ratoncita.

—Ahora no puedo...

—Tranquila, que todavía falta mucho para que llegue

tu turno —dice la ratoncita.

Momo la sigue hasta una pequeña puerta oculta
cerca del escenario.

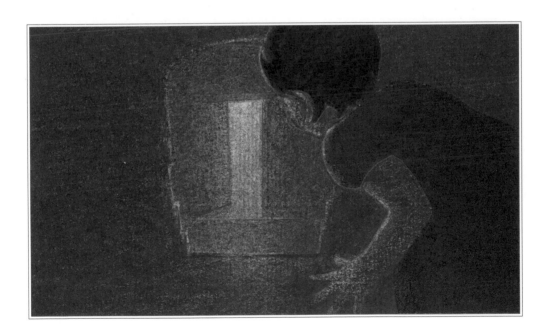

—Por aquí, por aquí —la ratoncita atraviesa la
puerta y sigue adelante.

Momo toma aire, se agacha lo más que puede
y logra entrar por la puertecita.

Un ratón sale de detrás de la cortina y se dirige al público:

—Señoras y señores, ¡bienvenidos! La función va a comenzar.

El público responde con un fuerte aplauso...

... y empieza el espectáculo: ¡es un circo!

Momo está muy emocionada.

¡La exhibición de los acróbatas tiene un final increíble!
Un ratoncito sale como una flecha y de un brinco sensacional
llega a lo más alto de una gran pirámide de ratones.
—¡Ooh! ¡Qué bonito! —Momo aplaude entusiasmada.

El siguiente es un número de magia.

Una pareja baila al son de la música. Él la cubre

con un velo, lo quita y el vestido de color rojo...

... ¡zas! ¡Ahora es amarillo! ¡Qué maravilla!

Todos saltan de contento.

Los bailarines dan vueltas y más vueltas y el vestido
va cambiando de un color a otro. El ritmo de la danza
es cada vez más rápido, hasta que finalmente…

… la ratoncita, que en ese momento lucía un vestido
blanco, se transforma en mariposas de varios colores.
—¡Bravo, bravo! —El público está fuera de sí.

Entonces el director de orquesta, vestido de frac,
hace una reverencia y con la batuta da la señal
para que los músicos comiencen a tocar.
Momo parece hipnotizada. Vuelve en sí cuando un
foco ilumina en la platea a una cantante de voz divina.

De manera imperceptible

muchos ratoncitos aparecen en el escenario.

Hay uno pequeño, otro alto, otro gordo y otro muy listo.

Entonan canciones y bailan acompañados por la orquesta.

Y, aunque no lo hacen perfectamente,

se les ve muy felices.

Momo y su amiga ratoncita

se miran sonriendo.

El foco ilumina ahora a una bailarina.

«¡Resulta un poco rara con esas patitas y manitas tan pequeñas!», piensa Momo. Pero la bailarina da unos pasos tan elegantes que la deja sin habla.

La ratoncita danza suspendida en el aire
por una cuerda que cuelga del techo y, justo
cuando sobrevuela la platea, deshace el nudo
y se precipita cabeza abajo al vacío.

¡Cae justo sobre la falda de Momo!

La bailarina se incorpora

de inmediato y le dedica un saludo.

Momo se lo devuelve

con una risa alegre.

—Todo saldrá bien, todo saldrá bien.

La vocecita se oye muy muy cerca. La ratoncita,
temblorosa e intranquila, alza la vista hacia Momo.
—¿Y si no canto bien? ¿Qué haré entonces?
—Tranquila, que yo te acompañaré al piano.
No te preocupes.
Al oír estas palabras, el rostro de la ratoncita
se ilumina.